U0112346

| 心得帖丛书 |

松下幸之助的经商心得

[日] 松下幸之助 著

艾薇 译

抓住商业本质

商売心得帖

人民东方出版传媒
People's Oriental Publishing & Media

东方出版社
The Oriental Press

图书在版编目（CIP）数据

抓住商业本质：松下幸之助的经商心得 /（日）松下幸之助 著；艾薇 译 . — 北京：东方出版社，2024.3

ISBN 978-7-5207-3583-4

Ⅰ . ①抓⋯　Ⅱ . ①松⋯②艾⋯　Ⅲ . ①松下幸之助 (1894—1989) —企业管理—经验　Ⅳ . ① F431.366

中国国家版本馆 CIP 数据核字（2023）第 145855 号

SHOBAI KOKOROECHO

By Konosuke MATSUSHITA

Copyright ©2001 by PHP Institute, Inc.

All rights reserved.

First original Japanese edition published by PHP Institute, Inc., Japan.

Simplified Chinese translation rights arranged with PHP Institute, Inc.

through Hanhe International (HK) Co., Ltd.

本书中文简体字版权由汉和国际（香港）有限公司代理

中文简体字版专有权属东方出版社

著作权合同登记号 图字：01-2023-1700号

抓住商业本质：松下幸之助的经商心得

（ZHUAZHU SHANGYE BENZHI SONGXIAXINGZHIZHU DE JINGSHANG XINDE）

作　　者：［日］松下幸之助

译　　者：艾　薇

责任编辑：刘　峥

出　　版：东方出版社

发　　行：人民东方出版传媒有限公司

地　　址：北京市东城区朝阳门内大街 166 号

邮　　编：100010

印　　刷：番茄云印刷（沧州）有限公司

版　　次：2024 年 3 月第 1 版

印　　次：2024 年 3 月第 1 次印刷

开　　本：787 毫米 ×1092 毫米　1/32

印　　张：4.625

字　　数：40 千字

书　　号：ISBN 978-7-5207-3583-4

定　　价：54.00 元

发行电话：（010）85924663　85924644　85924641

作者简介

[日] 松下幸之助

　　Panasonic（原松下电器产业）集团创始人，PHP 研究所创办者。1894 年，出生于日本和歌山县。9 岁时，独自一人到大阪当学徒，后就职于大阪电灯株式会社。1918 年，23 岁时创建了松下电气器具制作所。1932 年，意识到产业人的真正使命，产生了自己的经营哲学。1935 年，制作所改名为松下电器产业株式会社。1946 年，以 "Peace and Happiness through Prosperity"（通过繁荣实现和平与幸福）为理念，创办 PHP 研究所，开始了 PHP 运动。1979 年，兴办松下政经塾。1989 年去世，享年 94 岁。代表作《天心：松下幸之助的哲学》。

前　言

在经营松下电器的过程中，我时常谈及或写到各种商业心得。最近，很多人表示，希望我将这些心得汇总在一起，于是我试着从中挑选了部分内容。在这种挑选与回顾的过程中，我意识到下面这一基本理念对经商具有重要影响。

对于我们工作一族来说，日复一日地坚持清晨发意、白天行动、晚上反思，才是应有的工作状态。同样，月初和年初发意，月末和年末进行总结，五年后回首五年间的成绩，持之以恒，我们就可以在一定程度上掌握过去五年中自己做得好和不好的地方。

从我个人的经验来看，即使自认为没有犯错，五年后回首反思，对的可能只有一半，另外一半全是可做可不做的，甚至可以说是犯的错误。以这种方式反思自己，事业可以少走很多弯路。

总而言之，经商需要发意、行动和反思。通过本书的出版，我再次意识到这一基本理念的重要性，也希望各位读者可以开卷有益，我将不胜荣幸。

松下幸之助

1973 年 1 月 10 日

目 录

第1章　商业心得种种

第2章　人事种种

第 3 章　古今家训、店训、社训

第 1 章

商业心得种种

相信社会是正确的

要想发展壮大企业的日常业务，最重要的一点就是要相信"社会"。至于"社会"是什么，不同的人有不同的答案，我认为最基本的一点是社会始终是正确的，社会的评判一直是合理的。假如社会的眼光有问题，就算我们自己做得再正确，也可能不被接纳。如此一来，我们在经商过程中会感到各种不安，无法全身心投入事业。

当然值得庆幸的是，只要我们不做错事或不受到误导，社会会永远接受并支持我们。结合自身经历，我对这一点深有体会。只要我们做正确的事，至少基本上是可以安心的。换言之，我认为："只要工作是正确的，就不会有烦恼。如果有烦恼，只需通过改变自身做法就能解决。社会的评判是正确的，因此我们才会想与这个正确的社会同频，拼命工作。"在此过程中，我们自然而然地能感受到自己充满力量。

　　当然在一些情况下，有人怀才不遇，遭遇错误对待。有人有想法也认真努力，却无法获得社会的认可。但是从长远角度来看，我坚信社会是正确的，值得我们信任。抱有这种想法，一种巨大的安全感油然而生，我们能够坚定地全身心投入到日常工作中。

　　无论规模大小，我认为这个道理适用于所有生意。

对立与协调

商场之上，竞争的重要性不言而喻。如果经营者棋逢对手，为了不输给对方而努力创新、认真努力的话，自己和他人都会有所收获。也就是说，竞争是双方成长的动力，是共同进步和发展的基础。

要达到这种目的，周围的竞争必须是积极层面的竞争，按照公平的精神，有序稳步发展。所谓的"过度竞争"非但不会促进成长和进步，反而会给行业带来巨大动荡。简而言之，双方的竞争不应该是为了打倒对方的"肉搏"竞争，而应该是共存共荣的竞争，或者说是为了共同成长和发展的竞争。

换言之，我们始终处于冲突之中，即使如此，和谐与协调的精神也不应当被忘记。一味对立与冲突，放弃相互协调和合作，这样的竞争必将导致毁灭。诉诸武力、你死我活的环境何谈共存共荣，极端情况下，双方甚至落得玉石俱焚的下场。最后，整个行业彻底衰落，顾客也将遭遇极大的不便和麻烦。

因此，为了进步和发展，我们必须开展正当竞争，时刻谨记不要超越红线，增强良性竞争意识，树立对抗合作的理念。

经营者要适合行业发展要求，朝着正确的方向努力，无论企业规模大小，始终保持共同繁荣的环境，这一点至关重要。正确的态度和行为才是国家和人民共存共荣的坚实基础。

无比喜悦

日常经营中，许多事情都很重要。比如我们需要经常从各种角度扪心自问，自己的店铺是否对顾客有所帮助，而顾客又是否中意并感激店铺。

假如店铺即将关门，顾客是否会因此而惋惜遗憾。日省其身，不断思考，生意才会节节攀升。不断重复这种思考的经营者就会发现"自己的做法中还存在很多不足之处，还应该为客户做……"，这类想法将不断涌现。

调整店里商品陈列方式时，一种思路是吸引顾客注意，提高产品销量。但是如果我们改变想法，从希望远道而来的顾客感觉喜欢并享受商品乐趣的角度出发，可能发现更多、更好、更讨人喜欢的产品陈列方案，优化效果。

如果每个人都能从顾客优先的角度出发，注重自我审视，时常自我反省，我们就会对店铺的存在意义产生信念。如此一来，强大的力量自然产生，无尽的创意纷纷涌现，店铺将日益繁荣。

这个道理看似理所当然，常常因为司空见惯而被人们忽视，希望各位经营者可以再三深思，多加反省。

怎样做好销售

统观整个经营过程，销售是最难的环节。生产环节常有全新发现或发明，但是销售环节却很难有奇谋妙计。而且各家店铺的销售策略大同小异，所谓的好主意或新想法很少。不仅如此，大家还不得不继续采用相似的策略努力扩大销售。

假如你需要买一件新衬衫，心中可能很快就会浮现出常去的店铺。这种选择可能没什么逻辑，但是结果往往不会出错。也就是说，能否让顾客获得满意的购物体验，直接影响消费者今后的选择喜好。

要想在销售方面取得成功让顾客高兴、提供令顾客满意的服务很重要。销售环节没有什么奇谋妙计，充分彰显特色的关键在于双方是否真诚，因此只言片语中流露出的情感十分关键。

比如落语（译者注：日式单口相声）的表演常常让人捧腹大笑，但是单看台本就乏善可陈了。销售也是如此，无论产品故事多么动听，关键还在于能否将故事原汁原味地传达给消费者，这与销售人员是否受过训练密切相关。用心琢磨如何向消费者传递故事，才能捕获顾客的"芳心"。

当然，一切的基础还是真诚。唯有以诚为本，方能存续长远。失去真诚，无论产品多么精良，一切都只是徒劳。

每个公司和店铺都有自己的基本销售政策，这只是一个框架，一千个人有一千种演绎方式。销售

者是否热心于工作，是否努力工作，直接影响着销
售业绩的成败。换句话说，只有拥有自己独特的销
售技巧，再配上完美的产品故事，才能顺利驾驭销
售工作，业绩才能不断攀升。

以微笑为赠品

　　当今社会竞争非常激烈，店铺也好，商业街也罢，家家户户都在绞尽脑汁推销产品，而赠品销售就是其中很有效的一种手段。大家为了吸引顾客使尽浑身解数，甚至还有店铺将海外旅行作为赠品进行促销。

　　当然，这种赠品销售方式是有意义的，一方面顾客很满意，另一方面也确实促进了生意。

　　挑选赠品时，如果只能选一款最重要的赠品，答案会是什么呢?

　　想必答案多种多样，但我认为，最重要的赠品应当是"微笑"。夏威夷之旅这样的豪华赠品确实不错，但是面对每位顾客，如果我们都可以送出饱含感激的真挚微笑的话，即使没有惬意的夏威夷之旅，他们也会由衷地感到高兴。

相反，如果连个笑容都没有，即使客户享受了夏威夷的阳光与海滩，双方的联系也可能很快会中断。

看到其他商店为了促销而大送特送赠品时，我们千万不要被表面现象所误导，认为自己也需要提供相同的赠品，这种想法不仅对生意无益，反而会引发过度竞争，导致内卷。

"那家店的赠品虽然很新奇，但我们还是要以一贯的亲切笑容服务对待客人"，以诚相待，顾客才会从心底感到高兴，成为店铺的忠实粉丝。不同的人想法各有不同，但是我对这一道理深信不疑。

正确评估自家店铺的实力

一旦自我认知有误，我们就可能做不该做的事，不做该做的事，导致社会混乱。人之为人，应当承担何种义务呢？我认为最重要的一点就是要正确评估自己，认识自己和自己的价值。

这一点非常重要，对公司店铺尤其关键。经营者如果不能正确评估店铺的价值，生意一般都会失败。有人看到隔壁店铺改造之后顾客盈门，就按捺不住也想改造自家店铺，这种想法已经埋下了失败的伏笔。

比起装修改造，经营者更应该找到适合自己的管理方法，隔壁的店铺可以这样做，但自己的店铺不应该那样做，应该这样做。正确评估店铺的实力，牢牢抓住关键，在此基础之上开展业务，这是极其重要的，也是经营者需要履行的责任。模仿别人，只会品尝失败的苦果。

当今社会，看到一家企业赢利，其他企业往往蜂拥而上，引发过度竞争，最终落得两败俱伤的结果。这就好比总觉得别人的花更红，被人牵着走，不了解自己的实力，最后讪讪而归。正确地评估和判断自我很重要，这是人之为人需要履行的责任。

公司管理也是如此，若能正确地评估公司实力，因地制宜拟定管理方案，不仅公司发展一路坦途，还可以对社会作出应有的贡献。

主动询问的服务

无论什么时代，只要生意还存在，我们就无法忽视服务的重要性。未来社会，新商品将层出不穷，除非是行业专家，一般人可能很难理解产品功能，因此服务自然更加重要。

事实上，店铺生意越好，就越重视服务。尤其是在产品没有明显不足或问题的情况下，服务就成了胜负的关键。

比如天气越来越热，有一位客人来买风扇，这时完全可以顺便问上一句："去年的风扇怎么样了？""您之前买的产品还好用吗？"

也就是所谓的"主动询问服务"。

"主动询问服务"完全是奉献性质的服务。虽然没有立竿见影的效果，但是顾客听了会很高兴，对店铺更加信任，经营者也会由衷感到这种服务的喜悦和重要。

当然，凡事说起来容易做起来难，虽然只是简单的一句提醒，真正做到也不容易。

这需要经营者具有强烈的意识，一次又一次、不分时间、不分场合地提醒店员们。人多的情况自不用说，哪怕店里只有一个伙计，老板也要经常提醒对方"主动出击"。

做好"主动询问服务"，店里生意会越来越好。毕竟有这种服务意识的店铺会在到货时仔细了解学习，在发生问题之前提前维修，顾客的投诉少了，满意度也会越来越高。

当然，不仅仅是零售店铺的事，要做好"主动询问服务"还需要批发商、厂家的配合，三方的通力协作必不可少，而接待客人的零售店铺是其中最重要的一环。

全心全意的价格

最近我跟一家经销商的负责人了解情况，对方告诉我："我家在销售贵公司的产品，其他店铺也在卖。如果他们的定价是 10000 日元，我就必须标价 10000 日元，迫于低价店铺的压力，我必须降价销售。"

听了这番话，当然对方的想法有一定道理，但我告诉他，这其实并没有找到解决问题的关键。

换句话说，定价时应该综合考虑服务、配送等因素，别人卖多少钱，我就卖多少钱，这不是真正的生意。对方听罢表示："话虽如此，但其他家确实价格更低的话……"

我追问道："那请问你们家的诚意是免费的

吗？如果是我，其他地方卖 10000 日元的东西，我可能反而会卖 15000 日元。这样顾客就会问：'凭什么这里的价格比其他地方更贵？'我可以回答：'东西完全是一样的，但我这里有赠品。''是什么赠品？''我的诚意。'请想想你付出的心意再定价吧。"

对方听了恍然大悟："确实如此，我没有想那么远呀。

价格确实是影响竞争的最重要因素，但是听了您的话，我终于明白要把诚意、服务算在价格里，这些不应该是免费的。

换句话说，我应当根据自己店铺的情况来定

价，高于那些低价店铺也理所应当。因为溢价的部分是我的诚意和店铺信用所对应的费用，这意味着在任何情况下我都会堂堂正正地承担自己的责任。"

听说后来这家店铺的生意越来越好，顾客也十分满意。

生意人的福气

刚开始做生意的时候，我从一位前辈那里听说了这个故事。

小镇上有一家气派的点心店。一天，一个乞丐进来要买一块点心。对乞丐来说，到这样一家有名的铺子来消费，即使只买一块点心，也是非常难得的。

店里伙计熟练地打包了一块点心，但碍于对方的身份，他有些犹豫。正在这时，店主叫住了他："等等，我亲自把点心交给客人。"

说罢，店主毕恭毕敬地亲自把包好的点心交给乞丐，接过钱，深深向乞丐鞠了一躬说道："感谢惠顾！"

乞丐走后，伙计好奇地问："到目前为止，不管是什么样的客人您都没有亲自递上过商品，一般都是我们伙计或掌柜来服务的，今天您为什么亲自把馒头递给那个乞丐呢？"

店主回答道："你觉得奇怪其实可以理解，希望大家可以记住一点，我这样做是因为这是我们生意人的福气。确实，我们对老主顾自然要心存感激，好好服务，但是今天的客人是与众不同的。"

"怎么不同呢？"

"老主顾们大多有钱有社会地位，所以来我们店消费也不足为奇。但是今天的那位乞丐为了尝一口店里的点心，可能不得不花掉自己的全部家当。

这是我们的无上的光荣。这样珍贵的客人，当然应该由作为店主的我亲自交给他，这就是生意之道。"

寥寥几句话，却在几十年后的今天依然清晰地留在我耳边。老板的感恩之情，难道不是生意人最应该具有的品德吗？

生意不是一个人的

很多人认为生意完全是自己的所有物，必须一力承担所有事情，这是一个可怕的错觉。商业的奥秘其实就隐藏在这种"像是"却"不是"之间。在很多情况下，经营者意识到做生意既离不开客户，也少不了供应商，所以努力用多种方式回馈对方，这是积极的影响。

除此之外，我们还有其他需考虑的要素。

以道路为例，如果没有路，生产出来的产品怎么运出去？我们日复一日地使用着公共道路，没有路，生意马上瘫痪，却很少有人意识到道路的重要性，那需不需要、又该怎样回报道路呢？答案是企业依法交税，国家会使用税金维护并修缮道路。当然，依法交税的前提是公司有盈利，不赢利就没法交税，道路只用不修，时间久了，大家都不方便。

　　不仅道路，其实公共设施、机构，甚至警局、消防局提供的治安服务等都是如此，我们无时无刻不在享受国家提供的公共服务。在这种安心庇护之下，企业才能安心从事商业活动，所以我们更加有义务在赢利之后按时交税，回馈社会的保护。

　　经营者减少浪费、提高效率、通过正当渠道赚取利润，这是公民的崇高义务和责任。哪怕是业务上的电话联系，我们也可以开动脑筋，思考如何将次数从五次减少到三次，减少隐形浪费，增加企业利润。除了企业本身，还要争取客户的理解，以谋求合理利润。生意之道，在于互利共赢。

大型综合医院与基层卫生所

时代不断发展，各个领域的专业分工更加细致，医学就是其中一个典型案例。当下，医学被划分为许多不同领域，一些医院拥有先进的设备、机构，床位充足，各种资源充足。虽然这种大型综合医院不断增加，但是只靠综合医院可以满足人们的全部就诊需求吗？答案是否定的。与之相对的是，基层卫生所里的医生人数是综合医院的数十倍，每天治疗的病人成千上万。当病人需要做详细的检查、复杂的手术，或长期治疗时，综合医院是最佳选择；但处理日常的头疼脑热还是需要几步之遥的基层卫生所，这里的家庭医生对每个病人的身体情况了如指掌，甚至可以上门问诊。他们既是日常健康的顾问，又可以就健康之外的其他问题给出建议。换句话说，他们好比家庭顾问，发挥的作用也是综合医院无法比拟的。

社会既需要大型综合医院，又需要基层卫生所。两者发挥各自的作用，提供社会医疗保障。

医疗如此，生意也是如此。销售各种产品的百货商场、超市就好比"大型综合医院"，而小商店就是"基层卫生所"。

从顾客的角度来看，两者各有优势，不可或缺。一方面，顾客去百货商场或超市可以一次性买到很多商品，方便快捷。另一方面，小商店离得近，店主与顾客关系熟络，了解消费者的喜好，甚至顾客如果有需求，关门之后也能上门送货。对于这类商店来说，最重要的是明确自身定位，提供真正与顾客密切相关的周到服务。

重视小商店的作用，有助于解决商品流通问题，其作用重要且不可替代。

新时代的价格

做生意的方法多种多样，"讨价还价"是一种常见的与客户打交道的方式。顾客讲价时，很多商家都会故意让价，让人感觉自己赔了不少，当然结果往往还是赚钱的。但是仔细想想，时过境迁，"讨价还价"这种过时的生意经并不适合当今社会。

现代社会中，经营者秉持正确的信念和价值观开展经营，谋求合理利润，尊重顾客的同时践行社会责任，这是社会共同繁荣的理想模式。为了达成这种理想，必须摒弃"讨价还价"，充分分析，制定公正价格，哪怕顾客讲价也不让步，说服顾客接受价格。

百货商场就是成功的范本。一般没有人在百货商场讲价，如果有人讲价会怎么样呢？那样的话，商场将需要就每件商品的折扣与顾客"谈判"，耗费大量的时间和精力，至少要增加三倍的店员才能满足需求，运营的成本不断升高。成本不断增加，为了避免入不敷出，百货商场不得不以更高的价格出售产品。现实中之所以没有出现这种结果，是因为百货商场通过"合理定价"，即"定价销售"的方式提高了效率，实现了真正意义上的顾客服务。

除了百货商场，超市也是如此。如果每件商品都要讲价，顾客购物无法安心，超市也不得不增加人力支出，成本不断提高，很快就会被淘汰。

这个道理同样适用于商店。如果人人都"讲价"，"效率"就无从谈起。让消费者明白"那家店不讲价，但是多年以来的优质服务比便宜那几块钱

更有价值，店员的态度非常友善"十分重要。企业
采取合情合理的商业手法方能适合现代社会，为顾
客提供满意的服务，生意自然就会找上门。

拓展客源

生意人都想拓展客源，把客户数量从 100 个增加到 110 个。

但是拓展客源并不容易，需要智慧和思考。

不过在我看来，换种思路，努力工作，就算不主动去找客户，客户也有可能找上门。

也就是说，店家无须强求，老主顾主动领着新客人上门消费。比如老主顾不经意间和朋友聊到："我经常去那家买东西，店员非常热情，服务周到，感觉很不错哦。"

这是老主顾的真实感受，朋友听了会感觉："既然都这么说了，那家店肯定没错，我也去看看吧。"

就这样，老主顾的朋友大概率会到店消费。虽然没有主动招揽，顾客却自动送上了门。

因此，在做生意过程中，拓展新客源当然重要，但重视并维护现有客源也很重要。

维护一个客户，可能会增加一百个客户。失去一个客户，无形之中失去的可能是一百个客户，抱着这样的想法去做生意很重要。

同行不是绝对的冤家

假如一个顾客来店消费，想要买的东西却刚好缺货了，这种情况下你会怎样回答呢？

"对不起，店里没货了。"单薄无力的回答显得没有什么人情味儿。

"您好，不好意思这款刚好卖完了，我马上从批发商那里订货，明天一定能到。"这样的回答多了几分说服力。

同样的问题，如果回答："不好意思，店里刚好没货了，但是我想附近那家店可能会有。"向顾客推荐周边店铺，甚至打个电话帮忙询问，这样的举动一般会令顾客感到高兴，对店铺的印象也会大大提升，虽然"缺货"，店铺的声誉却能因此而上升。

当然，如果店铺之间关系不好，这样做反而会产生负面结果。所以与同行保持良好的关系，互通有无十分重要。

当代社会，商业竞争越发激烈。保持竞争的心态是必要的，但是一味讲竞争只会导致同行交恶。同行之间应当互通有无，保持适度竞争。

附近有新店开张是常有的事，虽然业务相近，但是我们不要贸然行事，试着与对方和平相处。一旦对方感觉到善意，也会对前辈毕恭毕敬，仁义相待，顾客看见了也会平添几分信任。与同行的友好相处既是对顾客的尊重，也是店铺发展的动力，堪称一举多得。

视顾客为亲人

到了结婚的年纪，不少父母不得不将疼爱有加的女儿嫁出去。一直以来，父母小心翼翼地呵护、抚育女儿健康长大，直到女儿终于长大成人，迈出了独立生活的第一步。望着嫁出去的女儿，父母心中既有离别的悲伤，又有幸福的期许，更有通过联姻增加亲人的喜悦，百感交集，复杂万分。

女儿嫁出去之后，父母又开始担心她在婆家的生活。"不知道婆家满不满意新儿媳呀？""不知道孩子们过得好不好呀？"为人父母，这是人之常情。

其实做买卖何尝不是如此呢？每天卖出去的产品就像我们精心养大的亲生女儿。

顾客买走了商品，相当于娶走了自己的女儿，经营者和顾客成了亲戚，心爱的"女儿"就此告别

"娘家"，"嫁"给了顾客。

这样想来，"娘家"父母每天担心顾客是否满意、"女儿"是否完好也是理所当然的。

"也不知道对方喜不喜欢""产品没坏吧"，甚至有时"正好从附近路过，要不顺便去看看吧"，完全是一副父母为女儿操心的样子。

只有以父母之心对待生意，才能和客户建立超越交易的信任关系。顾客满意，店里的生意自然越来越好。

也许我们应当好好反思一下，自己有没有把产品当成"女儿"，把顾客当成亲人，用对待自家人的心好好对待买卖。

成为顾客的采购员

做生意的前提是充分考察产品，对产品质量充满信心。

只检查产品有无质量问题其实意义不大，更重要的是要从买方的角度来考察产品。换句话说，你要把自己当作客户的采购员考察产品。

采购员的工作就是根据需求购买商品，综合考虑产品质量、价格、数量和买入时机，逐一对产品进行考察，最大限度保障公司或店铺利益。

只有把自己当成顾客的采购员，才能了解顾客需要什么，需求程度几分，为顾客推荐令人满意的商品。比如一位家庭主妇到鱼档采买晚饭食材，老板了解对方的需求，赶忙推荐道："您看这个怎么样？这种鱼正好当季，而且价钱合理，您丈夫看了肯定高兴。"对方听了一般都会掏钱购买。顾客获得了舒适的购物体验，店里卖出了商品，生意蒸蒸日上。不仅是鱼档，这个道理适用于所有店铺。

当然，"采购员"也不能过于忠诚，处处讲价，件件打折，只看价格买东西。虽然这是人之本性，但并不是好事。做买卖应当双方满意，这样的方式才能各取所需，否则生意不会长久，双方也就失去了互利共赢。作为客户的采购员，既要考虑生意之道，也要从顾客的角度考虑，兼顾两边方为正道。

行业稳定是共同责任

　　不论什么行业，企业要想获得强劲发展和持久繁荣，必须保证整个行业健康发展，受到公众认可。"那个行业值得信任，不管去哪家买东西，价格都很公道，而且服务很不错，买起来放心"，这样才能给顾客满意的购物体验，获得真正的繁荣。当然前提必须是行业内的每家店铺都相对完善，顾客信任。如果行业内鱼龙混杂，很容易给顾客一种"这个行业不行、无法相信"的印象，整个行业将蒙受巨大损失。

　　做生意的前提是行业健全，注意保持与其他同行的良性竞争关系，增进行业互信。当然，也不能只顾与同行友好相处，忽略了竞争的重要性。没有竞争，行业就不会进步发展。

良性的竞争应当是有序的、正面的对立，从业者可以从对立和竞争中谋求和谐。换句话说，在对立和冲突的同时，充分考虑行业的健康发展和信誉，谋求与同行和谐相处。

对新时代的商业来说，行业获得广大消费者的信任十分重要。作为生意人，与同行的通力协作是必须践行的崇高职责。

二十个年轻人的面庞

刚刚自立门户不久，我夿着胆子第一次独自去东京推销商品。到批发商店里详细介绍产品，拜托对方卖卖看。有批发商问起价格，我赶紧回答："15钱。"

对方听罢回答："15钱那是行价，同样的价格我直接从东京进货就好，为什么要从大阪那么远的地方进货。要是想成交，你得便宜点，14钱，不，13钱怎么样？"

对方的理由很充分，不过我认为既然行价如此，那么用行价买我的货才理所应当，便回复说："您可别这么说，要是定价高了我肯定让步，但是行价都是这样，您就别讲啦。"

对方笑道："第一次就按市场价卖也太不近人情了，怎么也得便宜 1 钱。"

对方说得很有道理，我开始心动要不要把价格降到 14 钱。就在这时，我的眼前浮现出了厂里二十个年轻人的面庞，他们还都是毛头小子，因为我第一次来东京跑市场，大家还特意到车站为我送行。大家的音容笑貌在我眼前回荡，15 钱的价格不是我主观决定的，产品是大家汗水的结晶，而我的一念之差险些辜负了他们的努力。

想到这，我向对方解释道："您说的确实有道理，但是这些商品都是员工们彻夜不眠不休辛苦做出来的，有些人才刚入门，大家倾尽血汗、努力工作才生产出这些产品，拜托您再考虑考虑。"最后对方没有再砍价，而是直接买下了产品。转了七八家批发商，虽然数量不多，但带来的产品很快就卖完了。

此后，每次去东京，我都会带着新产品，对方也有还价的时候，但我下定决心，从不在价格上让步一分。

要想做到这一点，一开始给对方的价格就得合理，低到对方没有还价的余地。我们从一开始就认真考虑定价，尽量以稳定的低价供应产品。虽然这很难，我必须比其他人更努力思考定价，但是我制定的价格往往都被认为是最合理的。

重视产品

无论企业大小，生意经和为人处世的道理其实是相通的。

以对产品的重视程度为例，人是一种有趣的生物，如果兜里有一张 1000 日元的纸币，人们往往不会粗暴对待。要么整齐放在钱包里，要么保管在抽屉的柜子里，甚至有人会放进保险柜里，像对待生命一样珍视钱财。

但如果是 1000 日元的商品，人们的态度就散漫多了。没有人会觉得标价 1000 日元的商品与 1000 日元纸币相同，所以随手将产品放在一边吃灰，也不会仔细整理，很多商品就被随意丢在角落里。

其实对待商品的态度非常重要。越是随意对待产品，店铺的发展情况往往就越糟糕。

可能也有意外，不过大多数情况都是如此。把商品当作纸币一样精心呵护，如同财富之源一样精心展示，这样的店铺对陈列方式十分关注，时刻保持产品清洁，生意一般都不会差。

有个熟识的经销商老板，他就是利用这个法子帮助零售商起死回生的。晚上关门之后，他就去零售商那里转悠，说服老板和他一起整理店内杂物，他像对待自家店铺一样精心打理零售商的店，从货品整理到摆放、清洁，事无巨细，一丝不苟。

这样做了半年，老板娘都被他的热情打动，打理货物，保持卫生。渐渐地，零售商的生意越来越好，经销商的生意也水涨船高。

这道理听起来好像很简单，但其中却蕴含了重要商业诀窍。不管商品贵贱，生意人都必须像对待钱币一样重视产品。

从服务开始

当今社会，人与人之间的交往往往不够顺畅，这就需要服务精神来当润滑剂，当今时代的一切皆源于服务。

服务直接决定了他人的满意程度。对方满意了就会支持我们，支持就意味着繁荣。

我相信每个人，尤其是经商之人都具备服务精神。不仅如此，其实为朋友、为公司、为客户、为社会都是服务，服务是万物之源。

对于公司员工、店铺店员来说，最直接的工作就是为公司、店铺提供的服务，但是很多人并不懂得如何服务。

在国际社会之中，缺乏服务的国家只会被远远落下。即便暂时没有落后也会失去人气，这就是我们所处的时代。身处其中，我们一刻也不能忘记服务精神。

"服务"的内涵十分广泛。可以是一个微笑，一次鞠躬，甚至是一种工作态度。

在走廊相遇却不打招呼，这就是缺乏服务精神的体现。面对陌生人，即使不知道对方能不能成为客户，至少要点头行礼，这是为人之道，动物就不会这样做。遇到陌生人，动物们会不停吠叫、咬人或者默默跑开。但是作为人，来到公司的人都是客人，微笑点头是最基本的服务。服务是人类应有的正确礼节。

明君与忠臣

22年前，我第一次去欧洲。一家大公司的总裁对我说过这样一番话："松下先生，消费者就是王，我们是王的臣子。即使对方的要求不合理，我们也必须服从，因为这是身为臣子的职责所在，是工作的重要原则。"

"消费者是王"，这句话现在已经家喻户晓，但在22年前还是很新奇的说法，让我耳目一新。听罢我不禁感叹道："原来如此，这才是最深处的真理啊。"

但是同时我也想到了一个问题。古往今来，王不为民着想，百姓流离失所，失去斗志，最终国破家亡的情况比比皆是。也就是说，如果王只按自己的意愿行事，最终很有可能陷入困境。

王之所言，无论对错正误都一味遵守，这是愚忠，真正的良臣应当辅佐君主不做错事，勇于谏言，直言不讳。也许这么做会导致龙颜大怒，但是忠臣当以此自勉，无怨无悔。这样为君主留名千古勤恳付出的大臣，才是真正忧国忧民的忠臣良民。

当今社会，消费者的需求越来越受到重视，这是好事，正因为如此，希望大家可以正确理解"消费者是王"的真正含义。消费者做"名君"，经营者为"忠臣"，共同致力于实现国家和社会的真正繁荣。

关注客户和供应商

前文曾提到过"重视产品"的重要性，与本节内容有很多相似之处。一言以蔽之，经营者要重视业务，投入更多精力到事业中。

作为生意人，大概不会有人故意散漫，有意搞砸自己的生意。每个人都在以自己的方式努力，但是全心全意投入其中却不是一件易事。

举例来说，做生意的目的是赚钱，但是只想着赚钱就错了。作为经营者，应当认真思考赚钱的目的何在。没有对利润本质的思考，缺乏明确的信念，事业发展就会缺乏动力。

国家、社会的话题往往给人一种格调很高的感觉，然而谈到做生意、赚钱，大家普遍感觉格调降低了一截，这种认识其实是错误的。谈论做生意、赚钱跟谈论国家、社会一样，换句话说，做生意其实是一件格调非常高的事，为此我们经商之人要有信心和自豪感，做格调更高的生意。

带着这样的想法去重视生意、投入生意，自然就会更加关注客户和供应商的动态。没有客户和供应商就没有生意，对两者的关注再多也不过分。经营者只有满脑子都是"那件产品该上油啦""应该给他推荐新品啦"，才会更加积极地听取供应商的建议。

相反，对客户和供应商都不在意的人并不适合做生意。这话听起来很刺耳，但是确实有人是全身心投入，不管醒着还是睡着都在牵挂生意。

感恩顾客

　　松下公司在五十多年的岁月中经历了风风雨雨，有喜悦，有艰辛，也有困难。每每回首往事，我都感慨万千。

　　百感交集之间，最想感谢的人还是各位顾客。

　　没钱付第二天货款的时候，货物积压滞销的时候，每次都是顾客及时伸出援助之手。

　　据说过去在大阪和江户（现在的东京）一带，坊间流传着一条不成文的生意规矩，那就是商人睡觉的时候脚不能朝向顾客的方向，这条规矩在当地人尽皆知。

　　当时的人们认为，生意能有现在的规模，完全是顾客关照的结果，所以脚尖方向不能朝向顾客，因为这是对顾客失礼的表现。听到顾客家的警报钟声，不管手里有什么活计，必须马上放下赶去帮忙。据说有典籍将这种精神称为江户时代的"町人气概"。

就我自身而言，面对困难时，每次都是顾客救我脱险，所以我从不敢忘记顾客的恩情。

时代在不断发展，但是人情从没有改变。顾客的关照，粉丝的珍贵，不计得失的关怀，对公司发展的大力帮助……这正是顾客之于我的重要之处。

主动推销

随着时间的推移，做生意的方式也在不断改变。与过去相比，"吸引顾客"变得越来越重要。几年前，做生意的主流方式还是向进店的顾客当面推荐、讲解产品，客人当场拍板购买。最近一种普遍的推销方式是主动出击，也就是上门拜访客户、积极推介产品。

假设我们在做生意的过程中，发现"这是一件好商品，它能带给顾客更便利的体验"，此时，优秀的生意人往往首先想到"赶紧介绍给顾客，让顾客满意，这是生意人的本分"，迅速拜访顾客，积极主动地向顾客推荐这件商品。这一点很重要。

其实，也可以把上门推销想成"这么做有助于销售，能赚到钱"，人们在这种想法的支配下行动也能取得一定成果。但是，这不是真正的生意，真正的生意应该是为社会、为他人的。真正的生意人应当秉承"这是顾客需要的商品"的信念，向顾客周到地介绍产品性能，让对方心甘情愿地买下商品。

如果生意人这样推销商品，顾客自然能从中感受到对方的诚意和热情，大多情况下会买来用用看。如果顾客用完感觉好，自然会心花怒放，觉得"那家店很热情，愿意向我介绍新产品"。长此以往，顾客对店铺越来越信任，生意自然越来越好。一言以蔽之，心怀喜悦地向顾客推销，唯有这样顾客才会高兴，这是把真正的生意做好的重要因素。

改良商品

做生意就是买入卖出商品，满足广大顾客的需求。但是买入和卖出就是生意的全部吗？答案是"不"。还有一件对生意人来说非常重要的事情，就是"改良商品"。

买入和卖出固然重要，更重要的是结合自己对产品的思考，从销售者的角度出发，向厂家提出"改善哪些地方更好""生产具有这种特征的新产品如何"等有效建议。

不可否认，生产商品是制造商的责任。常识告诉我们，制造商负责研发和生产新产品，而销售者负责买进卖出商品。

但是，销售者才是最懂消费者想法的人，消费

者对商品的不满和诉求也大多讲给销售者听。因
此，为了真正地了解顾客需求，销售者不能对客户
的不满和诉求置若罔闻，而应当把顾客的想法"掰
碎嚼烂"，充分理解，向厂家提出合理的改善建议，
协助制造商投入、研发、改善产品，这才是真正有
益于社会的生意之道。现在美国不少销售商就会及
时向厂家提出改良建议，这对新产品的研发也具有
重大指导意义。

当然，凡事都是说起来容易做起来难，个中难
点正是做生意的诀窍所在。改良商品有助于赢得顾
客和厂家的双重信任，帮助公司走上良性循环的经
营轨道。

正因为不景气

　　社会由人类创造，繁荣也好，萧条也罢，这完全取决于人，而不是自然现象。世间本没有所谓的"景气""不景气"，但是现实中经济萧条却屡屡发生。对生意人来说，不景气是巨大的挑战和困难，令人担忧。

　　在我看来，不景气自有不景气的应对之策。不是所有人都有"不景气也可以接受，正因为不景气才更有意思"的勇气，大部分人都会抱怨"整个社会都不景气，我的生意惨淡也是没办法的事""愁死人了"，生意止步不前。如果尝试改变想法，多给自己打气"正因为不景气，所以生意才更有意思，这才是我大显身手的时候"，每日精进业务，说不定很快生意就会重回正轨。

　　再比如说，趁着不景气的空当，经营者还可以将往年因忙碌而忽视的售后服务抓起来，或者做做店铺维护，放弃不切实际的经营想法。多条腿一起走路，凭借多年积蓄的力量，脚踏实地向前发展。步伐虽然缓慢，但是不景气之下前进一步，可能就会将其他停滞不前的店铺远远落在身后。

　　这样想来，不景气可能反倒是千载难逢的重要机遇。

　　思考方式不同，做事方法各异，生意发展自然千差万别。无论何时何地，希望大家在不景气的大环境之下多多思考如何有所作为。

提升街道格调

保持店铺清洁，商品摆放整齐，方便顾客挑选……这些细节都是影响业务发展的重要因素。其实，花大力气保持店铺整洁不仅仅是为了吸引顾客上门，还有更深层面的原因。

店铺既是自己的生意，也是街道的重要组成部分，与城市的美丑息息相关。如果道路两旁的店铺整齐划一，街道自然给人生机勃勃、充满活力和魅力的感觉。

从美化环境、提升街道格调的更高角度来看，保持店铺清爽、整洁十分重要。这是企业践行服务社会的崇高使命、推动更大发展的重要源泉。

走进一条街道，如果各家店员的服务都细致而周到，很快这里就会声名远扬，顾客不远千里也要来此处消费购物。巴黎的香榭丽舍大街就是全球人都向往的地方，日本也需要这样的地标性街道，让广大国民不必远赴巴黎，就可以解决消费需要。起初只是单纯为了吸引顾客，久而久之，店铺不断向更高层次迈进，店里生意越来越好，周围的街景美不胜收，格调越来越高雅。

高屋建瓴，从更高一级的精神层面出发，这是做生意的要诀所在。

利在于本

有句老话说："利在于本。"也就是说，企业的利润主要源自采购。

首先采购要选品优良，价格公道，这是企业利润的主要来源。"利在于本"表达的正是这个意思，古人早已参透了生意的奥妙。事实上，采购对于企业来说极其重要。

必须寻找稳定的优质供应商，供应商的重要性不亚于老主顾。如果缺乏这样的意识，生意也不会长久。这本是不容反驳的真理，当下却屡屡出现轻视采购的情况。

我经常听说一些公司和店铺的采购人员很傲慢。这种傲慢在于错把"利在于本"简单地理解成

"利在于价低"。前者的含义广泛而深刻，后者的观点狭隘而浅薄。如果能正确认识这句话，自然就会像重视顾客一样重视供应商。

许多成功的公司和店铺都是因为重视供应商才获得了巨大成功。重视供应商，对方自然会"以合理的价格向理解和重视自己的人提供好的产品"，这是人之常情。

只有与供应商建立互信关系，"利在于本"的智慧才能真正发挥作用。

对收付款保持敏感

商业中有许多重要的原则需要遵守，其中重要的一条原则就是"交易要诚信、精准"。换句话说，商人要时刻保持对"收付款的敏感性"。

最近破产企业的数量"屡创新高"。破产的原因有很多，最重要的一点就是经营散漫，换句话说，企业对收付款缺乏敏感。当然，很多企业一开始并不粗心大意，随着企业的发展，满足于卖出去就是王道的观念，逐渐丧失款项第一的优先意识，一旦大环境不景气，企业就会出现众多问题。

不仅仅是中小企业，散漫的大公司也不在少数，这为公司的失败埋下了伏笔。

对钱财散漫意味着对所有事务散漫。运转正常的公司和店铺会认真对待每一笔收支，收款也好，付款也罢，小心驶得万年船。无论生意规模大小，对待交易必须认真，这是商业成功的关键。

我听说过这样一个故事。有一家做批发的店，虽然规模不大，却在萧条之下获得可观利润，脚踏实地积累人脉，获得供应商、零售商的一致信任。原因就是这家店铺对款项及业务往来都非常谨慎，做生意诚信可靠。

相互信任来自真诚的态度，商业之道并不晦涩难懂，都蕴藏在这些平凡小事之中。

如果夫妻关系融洽

大约五十年前，我开始自主创业。当时公司的主要业务是生产各种插头、自行车电池灯及其他电力设备，客户多是电器商店。

当时的电器商店规模很小，大多是个体商店，加之当时还是新兴产业的缘故，商店大都资金不太富裕，全靠店主维持整个生意。

面对这样的客户，做生意的时候多少担心对方会不会赖账。事实上，不少同行也确实因为坏账过多而破产。

信用是成败的试金石，那么又该基于什么标准来判断对方是否值得信任呢？

在一般情况下，提到信用，首先联想到的多是资金等"对物信用"。但在当时，我自己也没有足够的资金，电器行业也普遍缺钱，以"物"来判断信用的话，可能整个行业都会面临信任危机。

虽然"对物信用"的判断方式并未奏效，但是为了公司的发展，我不可能放弃和电器商店的生意。经过一番思考，我决定用人品取代资产来判断对方的信用。这种"对人信用"其实是对对方店主的信任。店是店主个人的，那么店主的人品决定这家店能否被信任。

当然，"对人信用"等同于店主人品，这种方法也并不完全科学。所以我还追加了一条标准，那就是店主夫妇相处是否融洽。

当时的店铺多是夫妻店，夫妻齐心协力，比如丈夫外出时妻子主动照看生意，这样的店对我来说就是值得信赖的，与他们做生意也相对安全可靠。

当然，这样的店铺之中也有一部分最终破产。破产的原因大多是店主夫妻交恶、相处不融洽。夫妻关系不好，生意也会一落千丈。

其实在我所处的行业之中，不少竞争对手也陆续亏本倒闭，松下最终脱颖而出，这与公司伙伴运行良好息息相关，能与优秀的客户合作，主要是因为我把个人信用看得比物质信用更重要。以我自己的经验来看，婚姻其实是个人信用的集中体现。

夫妻相处融洽，这意味着商场上值得信任，除个别情况外，公司的经营状况也会越来越好。

绝对安心之境

最近"流通革命"一词常常见诸报端，商场瞬息万变，难题层出不穷。

新产品琳琅满目，潮流变幻莫测。同行之间的竞争越来越激烈，超市等量贩店的数量不断增加，城市面貌也焕然一新，越来越近代化。商业环境日新月异，商场发展与时俱进。

很多人担心在这种环境下还能否安心做生意。其实不只是流通和销售行业，制造行业也面临同样的问题。

仔细想想，我觉得凡事都没有"绝对安心"一说。商店也好，批发商也好，制造商也好，无论在哪个时代，这些问题都一直存在。站在不同立场，身处不同时代，大家面临同样的困难，自然担心焦虑。尽管如此，生意人从未放弃克服焦虑，努力寻找道路。

无须担心，不用努力，坐在家里就赚钱的好事就是天上掉下来的馅儿饼，现实中根本不会发生。当今社会之中，流通行业面临的各种变化、从业者的种种烦恼担心其实都是人之常情。

正是因为身处变化之中，人们才能找到破解之道。每日惴惴不安、自怨自艾，陷入失败主义而无法自拔，这对解决问题于事无补。但是如果没有这些担心，人就不会努力进步，店铺也就不会发展。

无论世界怎样改变，我们一定要坚信凡事皆有解决之道。顺应变化，站在客户、消费者的立场创新经营方式，努力寻找适合自己的发展之路，这是应对流通革命的正确解决方案，也是店铺的繁荣之路。经过这样的努力，也许真的存在绝对安心之境。

维护公平公正竞争

竞争是对手之间的切磋琢磨，良性竞争不仅有助于自己的发展，还有助于整个行业和社会的进步。

话虽这样说，竞争本身并不珍贵。重要的是如何通过竞争来发散思考，在竞争中保护行业和社会的共同利益，为构建国家、国民共存共荣成果发挥作用。

如何在竞争的过程中保持公平公正，这一点十分重要。为了反对而反对，为了压对方一头而故意反驳，扰乱公平的环境，利用权力和资本压制对方，这种恶意竞争对制造商、批发商乃至经销商都会产生负面影响，为了维护行业稳定，我们必须坚决抵制。

　　两耳不闻窗外事，闭门造车搞销售，就容易发生"强买强卖"的情况，给批发商、经销商过度推销的感觉。这种方式不仅损害行业内部利益和消费者的利益，甚至会影响整个社会乃至国家的利益。热衷于"强买强卖"的行业乱象将严重损害消费者、行业形象，阻碍行业的健康发展。

　　做生意不能只考虑自己的立场，生产者和消费者都不例外。生意人应当站在社会发展的正确角度来思考问题。

　　此外，恶意降价不是竞争，也不是服务，会引发行业乱象。

第 2 章

人事种种

吸引人才的第一步

当今社会，中小企业的一大苦恼就是招聘难，其实大公司也是如此。总体来看，日本社会面临着严重的劳动力不足问题。工作的人少，游手好闲的人却越来越多，这是政治等多重社会因素叠加造成的。

其实日本人口总数并不少，尽管如此，实际的社会现状却是勤恳工作的人不断减少，游戏人间的人日益增加，如果不从根本上解决问题，劳动力短缺的情况将长期存在。

当然，从根本上解决问题不是一朝一夕可以完成的，眼下我们更应当关注如何有效地招募员工。在日本，初高中毕业后直接就业的人数有数万之多。任何一家企业都不需要几万名员工，换句话说，只要有招聘意向，应该不会招不到人。为此，你的店铺必须有吸引人才的魅力，招聘前要善于发现企业的魅力。

良好的薪资待遇可以算作魅力之一，但只有工资还远远不够。在交往范围内，或者熟识的学校老师范围内，如果有人对毕业生说："你应该去那家公司，那里老板人不错。"招聘就水到渠成了。老板，甚至是老板娘必须有这种魅力，是的，这时候老板娘也可能发挥重要作用。

公司没有魅力，人才就难以上门。当下，没有魅力的公司越来越难吸引人才了。

在日本，如果想做大企业，我认为最大的拦路虎就是用人不当、用人无度，这也是人才短缺的主要原因之一。其成因与政治环境有关，并不是本书想要讨论的问题，只要经营者多动脑筋、增加企业吸引力的话，优秀的人才自然会上门。

发现长处

每个公司和店铺都在努力寻找和培养人才。现实情况是，尽管拼命努力，员工却难以成才，这是经营者最苦恼的问题。究竟怎样才能培养出优秀的人才呢？

其实思考问题的角度多种多样。作为一名资深的公司经营者，我的做法是尽量发现员工的长处，而不是短处。当然只关注发光点的话，可能会有才不配位的情况，失误在所难免，但是我还是坚持这种做法。

如果我只看到员工的缺点，我就无法安心用人，而且还会时时担心自己是否会失败，每日惴惴不安。这样经营公司的信心日益丧失，公司自然无法充分发展。

幸运的是，比起挑员工的缺点，我更擅长挖掘员工的长处和才能。看到员工，我会下意识地认为"他可以做这个；他肯定很擅长那个；他可以成为一个好主任，甚至是总经理；他自己管理一家公司也没问题"。这样每个人的能力自然会得到充分发挥。

作为领导，重要的是看到并发挥部下的长处。同时，部下如果有缺点，也要多加留心，帮助其努力改正，这一点同样很重要。

换句话说，经营者要学会七分看长处，三分看短处。

当然，部下也要多看领导的长处，尊重他，努力以己之长补其之短。做好这一点，部下就会成为上级的得力帮手。丰臣秀吉正是有效地把握了主人织田信长的长处而获得成功，而明智光秀则只看到了主人的弱点而一败涂地，我们应该用心去体会其中之味。

如何培养人才

为使公司和店铺快速发展，作为社会公器大放异彩，我认为公司应当在员工培养、素质提升方面多下功夫。年轻人进入了这样的公司，未来才会更加光明。

对于公司来说，培养员工掌握正确的商业常识、具备最基本的为人处世方法很重要。

这一目标的实现离不开对员工正确价值观的培养，公司培养的必须是具备各方面正确价值判断能力的人才。

只有价值判断正确，自我判断才不会迷失。没有正确自我判断的人自然无法准确判断价值，这样的员工再多也只是乌合之众。相反，如果公司有一群在各个方面、各种场合、各类情况下都能作出正确判断的员工，公司的发展会非常顺利，繁荣和和平也将水到渠成。

问题是如何培养员工的这种价值判断力。全知全能的上帝很容易找出"价值所在"，但我们是普通人，不是上帝，没有办法手把手教导员工什么是真正的价值。

但是，我们可以有意识地训练自己在各类问题上的价值判断，通过这种方法，在一定程度上可以提高判断的准确性，降低失败的风险。此外，参考他人的意见，对自己的想法进行修正，也有助于培养良好的思考能力。

　　人人都应当努力掌握正确判断价值的能力，企业尤其不能忽视员工这一能力的提高。这将成为个人的力量，继而成为支撑国家和社会的力量。

兴趣是最好的老师

生意人都希望买卖兴隆，无人例外，这是人的本性。然而在现实中，这样的美好愿望却常常落空，究竟是为什么呢？

原因有很多，其中一个主要原因是缺乏与愿望相符的勤奋与努力。不愿付出勤奋和努力，欲望越大，失望就越大。愿望再小，没有勇气和决心也很难实现。

比如向客户宣传产品时，必须认真思考恰当的说辞，反复练习直至满意为止，自己首先要相信产品配得上价格。

销售者只有相信自己的产品，才会有积极性认真考虑如何向客户宣传和销售。

如何才能让自己相信产品、愿意主动去争取呢？答案是要对介绍产品的工作感兴趣，愿意做这件事。有了兴趣，你就不会觉得努力是件难事，你会甘之如饴，愿意付出，说服力自然就会提高。"兴趣是最好的老师"，这是亘古不变的真理。

不仅产品宣传如此，一切事物都适用于这条规律。

所以，如果想生意兴隆，首先要对做生意感兴趣，不要当一天和尚撞一天钟，不要把生意看作饭碗，而应看成自己全心全意要投入的事业。这样，生意就会日益兴隆。

有人说，合适的人做合适的事是事业成功的前提，其实在我看来，做生意未尝不是如此。千人千面，职业各有不同，但是兴趣会帮助每个人实现自己的愿望。

一人之责

我在大企业、中小企业都工作过。与企业类型无关，其实经营者才是影响公司发展的最主要因素。如果主帅能率先垂范，各种问题都能解决。

员工也好，店员也罢，大家都听老板的意见，没有人例外。老板说向东，没有人会向西。

但是如果向东的路走不通，谁来负责呢？当然是发布向东命令的老板。尽管公司或店铺的发展涉及众多因素，但我认为，主要责任在经营者、社长的肩上。

有些社长可能会想："我一直努力工作，不过手下不够努力，所以公司发展不顺。"这样的情况也可能存在，但是极少，可以说只有个别的例外情况是这样。一般来说，店铺或公司的发展顺利与否责任完全在于经营者。

时至今日，无论发生什么情况，我都把它当作自己一个人的责任，一边思考，一边前行。同样，部门的发展责任应当由部门负责人承担，课室的发展责任应当由课长承担。一个课室的成功与失败基本取决于课长一人。

当课长因为工作繁忙而独自留下加班、深感责任重大时，部下会是什么感受呢？不少人甚至会关切地建议："课长，您休息休息，我帮您按摩放松一下。"无形之中，课长和部下心意相通，团队的向心力得以增强。

如果课长努力工作，激发起部下的同理心，我相信这个课室会发展得越来越好。

在任何情况下，课室的发展是课长一人的责任，如果范围扩大到部门就是部长一人的责任，再扩大到全公司就是社长一人的责任。

"千锤百炼" 方能培育优才

当今世界混乱的原因之一是"育人"的缺失，而"育人"是人类社会的基础。

比如在判断是非时，很多人只从自己、所在集体、所属国家的角度考虑，这是"育人"缺失带来的负面影响的外在体现。当然，为自己、为自己的集体和国家着想有一定道理，但是缺乏对他人、对其他集体和国家的同理心，必将诱发各种问题。

时至今日，人们逐渐淡忘了道德和伦理，商业领域也逐渐出现道德缺位的问题。比如过去各家公司都信守月末结算的承诺，对顾客也都抱有一颗感恩之心，具备正确的道德观念。

第二次世界大战之后，由于各家公司都没有现金，票据交易盛行起来，这是日本重建背景下的无奈之举。但是随着日本经济逐步发展，这种情况却没有丝毫改变。更有甚者，甚至将这种做法推广开来，当成企业经营的"轻松"之选。这不仅导致物价飞涨，甚至助长了社会的不良风气。

此外，政治应当用强有力的手段约束国民。但是今时今日，日本的政治更倾向于向国民献媚，这种纵容助长了人心的恶化，对商业道德产生不利影响。

找回人心，既需要鼓励保护，也需要叱责批评。一味甜言蜜语，"育人"又何从谈起呢。

一把名刀，须经千锤百炼、无数遍敲打方能铸成。如果只是把钢水加加热、敲一敲，最终得到的只能是一把钝器。这种锤炼和敲打正是今时今日"育人"中缺少的关键。

信任和依仗下属

常常有人问我："你很擅长用人，能告诉我秘诀吗？"其实我对自己的用人能力并不自信，也不能准确地说出自己用人的巧妙之处。但是这些问题引发了我的思考，究竟是什么让旁人认为我善于用人呢？

人们对用人的见解多种多样。有些人善于用人，因为他们有强大的智慧和力量。我则正相反，我既没有能力也缺乏智慧，所以我自然而然地更加依赖他人，常常征求他人的意见。

比起蛮横的命令，征求的方式更容易被接受，对方同意合作的可能性也更高。人们或许是看到这种结果，觉得我很善于用人。

我认为用人的方式是因人而异的。如果用人者自身能力出众，完全可以不征求任何人的意见直接发布命令，命令的方式能大大提高效率，而高效带来的成果可以惠及更多员工，这未尝不是一种好的用人方式。

我的方式更适合不具备上述能力的人。在我看来，公司的员工基本都比我强，我没有上过什么学，看到对方总觉得"这个年轻人很有能力"。

因此，我对公司的员工深信不疑，认为他们非常可靠。我常常对他们说："你来做这件事吧？要是你，肯定可以做到。我完全做不到，但是我相信你可以。"对方听后常常欣然应允："那好吧，让我们来试试。"员工们拼命努力，结果往往都是成功。

　　这只是成功的一种形式。于我而言，我很幸运通过这种方式获得了成功，这也许就是我用人的"诀窍"吧。

如何运用众人智慧

"人之和"是时下的热门词。在我看来,"人之和"十分重要。只有人与人相处和谐,才能群策群力,共同发展。

和谐相处、齐心协力的基础是建立通畅的上传下达渠道。有的公司,属下完全搞不懂社长的想法,这样的公司大体都会日暮途穷。此外,下意无法上传的公司可能更加糟糕。

设想你是某个课室的负责人,你需要知道自己的想法和方针是否被下属理解和领悟。如果有人持反对意见,这时就需要及时进行沟通,了解缘由。

社长和高管之间、高管和中层干部之间、课长和课室人员之间,各方的沟通和努力都十分重要。

做到这一点的公司才能充分发挥员工的聪明才智，取得良好发展。

相反，有的公司认为只要发布命令就能做到上传下动，实际上领导的意图并没有被属下理解，自然常常发生与领导意图相左的情况。

更重要的是下意上达，也就是说，社长是否了解并采纳普通员工的想法。

为了了解员工的想法，身居要职者需要学会激发部下说出真实想法，营造一种员工乐于向课长、部长表达的氛围。

这是一项非常困难的任务，不是靠普通的理解、普通的努力就能做到的，它要求我们认真地投身其中，持之以恒。

一旦公司努力实现了上述目标，就可以集中所有员工的智慧经营公司，生产出质量过硬的产品，带给客户消费的喜悦，推动公司正向发展。

乐于接受部下提案

对公司和店铺来说，员工乐于工作、积极工作的态度是十分宝贵的财富。为了实现这一目标，需要注意哪些要点呢？

仁者见仁，智者见智，问题的答案多种多样，但我认为有一点很重要，那就是上级、前辈要乐于接受部下、后辈的提案。换句话说，公司要营造一种氛围，让部下主动地、轻松地提出自己的想法。对于部下的提案，上级要学会试着去接受，并鼓励部下："你居然想到了这一点，对工作非常有热情，这真是太好了。"

当然，上级也要认真思考，然后决定是否采纳提案。事实上，很有可能提案内容非常不错，但是在实践中无法执行。

即使是这种情况，如果选择认可对方的行动和热情，耐心向对方解释："情况是这样的，我们还得等一等。你再帮忙多想想。"营造鼓励提案的氛围对公司来说十分重要。如果上级看了一眼部下的提案就说："不行，这样做行不通。"部下再次提案，上级还是看一眼就否定，明明提议了三次却始终不被采纳的话，部下就会觉得"上级好像不理解我，他不听我的建议，还是放弃吧"。这样公司将很难进步发展。

非常重要的一点是主动询问部下："你没有什么意见吗？有任何建议都可以随时说，好的方案咱们立刻行动。提案不仅对公司的发展有益，还能增加工作的乐趣，你可多替公司想想啊。"不断反复地对部下传递这样的观点至关重要。

经营者之心

对于经营者来说，一个很重要的问题是，怎样激发员工的工作积极性。问题的答案可能因人而异，就我而言，经营者对员工们的态度是重中之重。

如果公司/商店的规模不大，经营者可以身先士卒、带头示范，对部下哪怕以"抓紧这么做、得那么干"的口吻发布命令，业绩也不会受到影响。

但是如果公司的规模很大，拥有成百上千的员工，这种方式就不一定奏效了。员工数量一旦破百，经营者就要根据工作内容和种类进行科学分配，仅仅靠着以身作则、吆五喝六等简单方式只会引起员工的反感。

形式也好，表达方式也罢，经营者心中一定要有"请对方如何做"的尊重之心，否则员工不会全力以赴。

公司的规模如果达到万人，"请对方如何做"的方式可能也失去了效果，经营者应当抱有"拜托、请求"的敬畏之心和员工沟通。如果人数增加到了五万人、十万人，可能没有"双手合十"的诚心，都很难调动部下的积极性了。

心态不同，同样的举动也会产生不同的效果。沟通得当，即使领导的命令有些勉强，员工也会欣然接受，努力工作。心态不端的经营者即使下了命令，部下大多感到反感，执行时磨洋工，成果寥寥。作为经营者，更应该在这些问题上多下功夫。

　　不知道各位经营者有没有根据企业规模调整自己的心态？大家的看法可能各不相同，以上仅是我在企业发展过程中总结的个人之言。

批发商的抱怨

这是很久以前的事了，当时松下电器已经发展成为一家拥有四五百名员工的工厂，脱离了家庭作坊的规模，信誉蒸蒸日上。

有一天，一名员工去批发商那里拜访，没想到对方正在气头上，劈头盖脸地呵斥道："有一家零售店买了你们的货，结果评价非常差，货也被退了回来。好不容易卖出去的货又被退回来，真是太气人了。你们松下还要生产电器，真是不知道自己几斤几两啊，生产电器是要有复杂技术的！如果产品就是这个熊样，还不如去卖烤地瓜呢，这更适合你们公司，回去跟你们老板好好提提吧。"

店员回到公司一字不漏地告诉了我。"真的吗？对方那么生气吗？这几天咱们抓紧登门拜访好好道歉吧"。很快，我亲自拜访了那位批发商，主动道歉说道："对不起，十分抱歉，我听店员说了事情的经过，真的很抱歉！"

意想不到的是，批发商反而回复："不，反倒是我很抱歉。当时我在气头上说了这番话，但我做梦也没想到员工会如实告诉你去烤地瓜这些话。请你原谅，千万别生气。"

我赶紧说："不，我完全不生气。今后公司也会多加注意，努力做得更好。"

以此为契机，我和那位批发商成了非常亲密的朋友，对方也对我们公司格外偏爱。

通过这件事，其实比起结果的成功，我更想强调下意上达的重要性。员工之所以将听到的内容一字不差地告诉我，正是因为平常我经常强调，哪怕是刺耳的话，也要及时上报。

相反会怎么样呢？员工觉得把这些话告诉老板对方会很生气，甚至会劈头盖脸说自己一顿，或者拿不定主意先找主管商量，主管觉得说是可以说，但是卖地瓜的事还是不提为妙，那么老板就不会知道到底发生了什么。

政府首脑也好，企业经营者也罢，听到不愉快的事就摆出一副臭脸，属下就不敢再告知他们类似的事情。身居高位者，越是面对不愉快的事，越应当努力反思，尽力改善。

　　公司或店铺需要营造氛围，保证属下及时将对外需要处理的信息立即传达给领导，以促进业务和生意的发展。

第 3 章

古今家训、店训、社训

在开展业务、发展事业的过程中，公司要秉承长久以来的基本理念和底线，这对公司有着重要意义。事实上，全球不少跨国企业、店铺都有自己的社训/社章或店训/店章。

回顾历史，过去很多商人家庭和武士家庭也有家训。首先，我们来看看武将望族的家训。

上杉家族（上杉谦信）家训

心中无物则心广体胖。

心中无忍则错失爱敬。

心中无欲方能行义理。

心中无我方能不猜疑。

心中无骄方敬人。

心中无误不惧人。

心中无邪终育人。

心中无贪不媚人。

心中无怒语平和。

心中忍耐事顺畅。

心情顺遂亦心静。

心中有勇无悔恨。

心不卑贱时不愿。

心有孝念时忠厚。

心无骄慢知人善。

人不迷茫不怪人。

伊达政宗遗训

一、过于仁慈则弱小，过于守义则固执，过于守礼则媚人，过于狡黠则谎言，过于自信则受损。

二、小心谨慎，从容不迫，勤俭持重。切记节俭不是忍受不便，人活一世，为何受苦。

三、饭菜欠佳亦要夸赞。原本为客，不应挑剔。

四、出门需送迎，子孙勤问候，兄弟需应声，享受片刻停。

　　武士家族以自己的方式将家训世代传承，商人家族也是如此，不少百年老店、世代传承的公司的创始人也都留下了社训、店训、家训等，下面让我们看一些例子。

三井家族家规（初代三井高利）

一、一根树枝易折，许多树枝捆在一处则难断，汝等必须和睦相处，巩固家运。

二、各公司营业所得的总收入，必须扣减一定金额的共用资金后，才能分配给各公司。

三、由各公司推选一位年长老人，成为大家的首领，各司的负责人都必须服从他的指挥。

四、同族绝不可互相斗争。

五、严禁奢侈，厉行节约。

六、名将之下无弱兵，必须重视启用贤能的人，应该避免部属有牢骚和怨言。

七、家族统领者必须仔细地了解整个家族的大小事情。

八、同族的少主，一定时期内应和店员一样待遇，让他在掌柜和大伙手下做苦工，而完全不以主人对待。

九、要有买卖不一定能成功的觉悟。

十、应该去长崎与外国做生意。

住友家规（广濑宰平）

一、不超越主管权限，不专断专行。

二、不可借职务之便谋取个人利益。

三、不可投机取巧，急于求成，以身犯险。

四、没有职务许可，不可接受他人金钱或物品，不可私下拆借。

五、工作不可犯错、失误、疏忽、遗漏。

六、不得有任何损害、违背名誉的行为。

七、店铺或部门名称不得用于个人金钱交易和其他文件契约上。

八、重廉耻，不贪污。

九、切勿私下诋毁他人。

十、切勿泄露机密。

岩崎家族（三菱）家训

一、拘小节者不成大事，因此要把握好大事业的方向和方针；

二、一旦着手的事业必须朝着成功的方向努力；

三、绝对不做投机的事业；

四、以国家的事业为己任；

五、时刻不忘奉公至诚；

六、勤俭节约，慈善待人；

七、识别有用的人才并把他们放到合适的位置上；

八、优待部下，应将事业上更多的利益分给他们；

九、大胆创业，小心守业。

　　可以看出，家训中明确规定了业务发展过程中必须遵守的基本内容。其实，当今社会中一些活跃的公司也是如此。让我们来看看其中的一些例子。

电通公司"电通鬼十则"

一、工作自己找，不要等指派；

二、做事要抢先再抢先，不要消极被动；

三、与"大工作"为伍。小工作使格局狭隘；

四、向困难的工作挑战。唯有完成艰难的工作才有进步；

五、一旦开始就不要放手。即使被杀也决不罢休；

六、要当周遭的推手。推与被推之差好比天地；

七、有自己的计划。长远谋略，有耐性肯下工夫，自然产生正确的努力方向及希望；

八、要有信心。没有信心，工作无魄力，无定性，无深度；

九、时刻开动脑筋。处处留心不遗漏，这才是真正的"服务"；

十、不要害怕摩擦。摩擦是进步之母，是积极的肥料，否则你将卑躬屈膝，软弱无能。

朝日新闻社的"朝日新闻纲领"

一、立场不偏不倚，维护言论自由，为民主国家的完善和世界和平的建立作出贡献。

二、在正义和人性的基础上致力于人民的福祉，与一切非法、暴力、腐败行为斗争。

三、公平、及时地报道真相，以进步的精神确保批评的准确。

四、勿忘宽容之心，尊重品味和责任，崇尚清新与厚重。

钟纺公司基本理念

一、爱和正义的人道主义精神（以生命和人格为最高价值的管理）

二、科学理性主义（基于真理和真相的管理）

三、为社会国家服务（通过生产物美价廉的产品为消费者服务，以商业的方式为社会和国家的繁荣作出贡献）

松下电器纲领

贯彻产业人之本分，努力改善和提高社会生活，以期为世界文化的发展作贡献。

松下电器的信条

　　进步与发展若非得益于各位职工的和睦协作，殊难实现。诸位应以至诚为旨，团结一致，致力于公司的工作。

松下电器必须坚持的精神

一、产业报国之精神

产业报国是松下的纲领，我们必须将本精神作为产业人的第一要义

二、光明正大之精神

光明正大是为人处世的根本，没有此精神，学问再高也无法成为模范

三、团结一致之精神

团结一致已成为松下的信条，没有此精神，聚集再优秀的人才也是乌合之众，毫无作用

四、奋发向上之精神

唯有奋斗到底，才能完成我们的使命，没有此精神，就无法获得真正的和平与进步

五、礼貌谦让之精神

人没有礼节，缺少谦让的精神，那么社会秩序必将混乱，正确的礼仪和谦让的美德才能让社会更加美好，让人生更加有趣

六、改革发展之精神

改革发展必须顺应自然发展规律，不顺应社会潮流，人为地偏离社会发展趋势，绝对无法获得成功

七、服务奉献之精神

服务奉献的观念能为我们带来无限快乐与活力，对此观念理解越深刻，就越不怕任何艰难险阻，这是获得真正幸福的泉源所在

此外，松下电器公司还制定了"公司内部规章"文件，其中一条是：

无论松下电器公司将来会有多大的规模，始终不要忘记我们只是一介商人，自觉自己仅为员工或店员，以务实谦让的宗旨来发展业务。（基本内规第15条）

上文之中，我们一同阅读了许多公司的社章社训。当然，日本公司数量成千上万，我相信还有很

多优秀的社训，这里仅仅列出几个典型例子。所有公司都是从小做起的，就算是只有 5 个人、10 个人的店铺，也应当明确并遵守店训，一步一步做大做强。唯有如此，才能促进更多公司兴盛发展，为社会的整体繁荣作出贡献。

理解了这一点，大家就会明白社训社章的重要性和必要性。

假设一家店铺有 10 个人，如果没有店训的加持，店铺很难有大的发展。反之，另一家店铺只有 5 个人，仅是 10 人的一半，但在明确店训的推动下，生意一定会逐渐好起来的。

日本的各个城市有很多老店，无论规模大小，都有代代相传的家训或店训。

当然值得注意的是，一旦明确了社章社训，经营者就必须严格遵循。很多情况下，店主制定了店训，但这不代表只有员工需要遵守，店主本人不需要遵守。身为店主，更应当以身作则，诚实履行，只有这样，店铺才能长久繁荣。当今社会，各种商业机构千千万，是否严格遵守社训店章，尤其店主和经营者是否身先士卒，将是制约企业发展的关键。

我还想补充一点。以上列举的社训社章并不是公司章程。公司章程应当另行规定。社训社章是遵守公司章程、取得成果的结晶，而公司章程和国家的宪法类似。在公司章程的基础上，公司和店铺升华总结的内容就是社训社章。

就国家而言，宪法就是国家的章程。管理国家的宪法与管理公司的章程殊途同归，指导国家经营的章程就是宪法。国家在遵守宪法的基础上，还应当拥有国家的"社训"，也就是"国训"。

然而遗憾的是，日本并没有"国训""国章"，这也是国内外百家争鸣、缺乏和谐、混乱冲突的原因之一。无论公司章程多么出色，总有部分公司蓬勃发展，另一部分公司则不会，国家也是如此。无论是政治家还是普通公民，都应当认真思考这一问题。

后记

　　我在本书中详细地介绍了关于商业和经营的各项内容，理解起来容易，实践起来很难。重要的是，我们在日常业务和管理中不断学习，在处理各种现实问题的过程中不断领悟。"领悟经营诀窍堪比收入千万"。这是我在 1934 年元旦作为新年礼物送给松下电器员工的一句话。企业的发展过程也是如此，如果你能意识到经营的诀窍，那么其价值可能远超千万。

　　书中提到的许多道理都是超越时间的经典。今时今日，我们生活在一个民主的时代，价值观也发生了变化，所以我们也不能照搬照抄书中内容，应当根据时代发展加以创造性加工。

　　换句话说，我认为在商业不断发展的今天，重要的是心中牢记本书中的道理，以现代意识进行价值判断，以书中道理指导工作。